2615

LA GLOIRE

DE MONSEIGNEVR LE DVC

D'ENGVIEN,

Triomphant des Ennemis de la France dans la Bataille de Rocroy.

A PARIS,

Chez I E A N P A S L E', au Palais, à l'entrée de la Salle Dauphine.

M. DC. XXXXIII.

AVEC PERMISSION.

(C.)

A MONSEIGNEVR
MONSEIGNEVR
LE DVC
D'ENGVIEN.

ONSEIGNEVR,

J'enuoye à VOSTRE ALTESSE
victorieuse des Ennemis de la France, quelques
pieces de Poësie, qui ne font pas tant les ouura-
ges de mon esprit, que des Enfans de mon Amour
& de ma Ioye, qui font aujourd'huy les deux paf-
fions que vos triomphes ont donné à toute la
France. Elle estoit en deüil par la mort de fon
Roy, vostre valeur a respandu assez de sang pour

A ij

teindre sa Pourpre en Escarlate , & luy faire prendre auec vous les couleurs & les liurées de la Gloire.

Ie ne suis icy que le Greffier de la Renommée qui parle de vous hautement, & le Secretaire de la voix publique qui vous adore ; mais ce qu'elles disent dans les plus illustres cercles de la Cour, & les plus fameuses Compagnies du siecle, i'ay voulu l'escrire à la posterité, & le mettre dans le vieux langage des Dieux pour rendre vostre Victoire aussi vieille que le monde, & aussi durable que les belles Lettres.

Ie ne sçay si vos yeux agissants & genereux, qui cherchent encore de toutes parts les restes de cette grande deffaite , s'arresteront quelque temps sur mes vers, VOSTRE ALTESSE se plaist dauantage à bien faire qu'à estre bien loüée, les belles actions luy sont plus cheres que les belles paroles, & elle aime mieux acheuer ses grands exploits, que d'en escouter les Eloges.

Ce n'est pas à la melodie de nos luths qu'elle a resolu de donner le temps pretieux de cette heureuse campagne, mais au bruit Royal des Canons, & aux agreables tumultes de la guerre, les corps des Ennemis sont les Liures glorieux où son courage se plaist à voir ses loüanges bien mieux imprimées dans la Flandre auec l'espée qu'elles le peuuent estre à Paris auecque la plume : & i'ay peur que son

cœur

cœur, qui poursuit sa pointe vigoureusement, &
n'a pas voulu dompter l'Espagnol tout d'vn coup
pour en faire plusieurs Victoires, & donner de
l'exercice à sa vertu, ne veüille pas mesme donner
vn seul moment à cette innocente complaisance,
qu'ont tous les Conquerans apres leurs Victoires,
& que la Morale des Anciens permettoit aux Heros durant les iours destinez à leurs triomphes.

Si VOSTRE ALTESSE se souuient de ceux
que i'eus l'honneur de luy presenter à son depart,
elle verra que i'ay quasi predit ces grands auanta-
ges, qu'en luy donnant des tesmoignages de mon
zele, mon affection produisit heureusement des
Oracles, & que si ie parus alors passionné seruiteur,
vos Victoires m'ont quasi fait passer maintenant
pour Prophete.

Aussi le sang DES BOVRBONS & DES
MONTMORENCIS, alliez en vostre Auguste
Personne, ne nous promettoient rien moins de
vostre Coup d'essay, que ce que tous les grands Ca-
pitaines souhaitteroient pour leur Chef-d'œuure,
& la France ne doit attendre autre chose de vostre
courage, que le miracle de tous les siecles.

Si VOSTRE ALTESSE me fait la faueur de
lire ceux-cy, elle verra que la Cour n'a point d'Echo
qui repete plus souuent que moy ses belles actions,
qui redise plus fidellement les discours que la

Gloire seme par tout à son honneur, qui ait plus
de passion de respondre à l'illustre bienueillance
dont elle m'a desia donné de si salutaires preuues,
enfin qui s'interesse plus en ce qui la touche, &
qui ait plus d'obligation & de desir, d'estre à iamais

MONSEIGNEVR,

DE VOSTRE ALTESSE,

Le tres-humble, tres-obeïssant,
& tres-fidele seruiteur,
DV BOIS HVS.

A MONSEIGNEVR
LE DVC
D'ENGVIEN

Victorieux des Ennemis de la France dans
la Bataille de Rocroy.

SONNET.

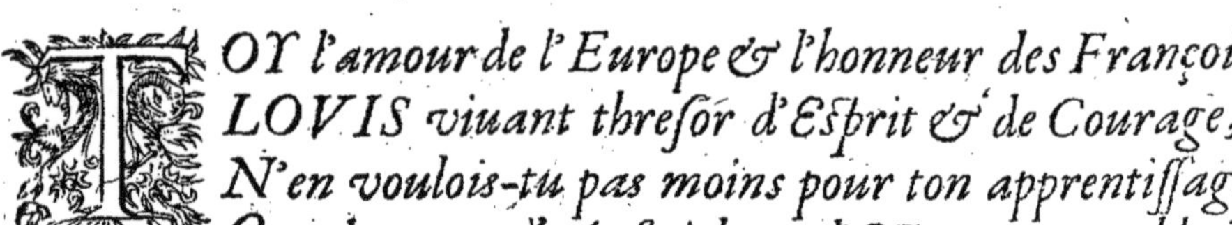

TOY l'amour de l'Europe & l'honneur des François
LOVIS viuant thresor d'Esprit & de Courage,
N'en voulois-tu pas moins pour ton apprentissage
Que de mettre l'Austriche & l'Espagne aux abbois

Que pourras-tu garder pour tes derniers Exploits?
Vn Cesar aussi ieune osa-t'il dauantage?
Et ton SANG a-il fait vn plus diuin ouurage
Quoy qu'il ait fait le COEVR de soixante & trois Rois?

En vn âge pareil qui craignoit Alexandre?
Apres ce coup d'honneur que deuiendra la Flandre?
Que n'attendra mon ROY de toute ta vertu;

Sans beaucoup m'engager i'ose bien luy predire,
Que bien-tost à tes pieds tout le monde abbatu
Deuiendra ta Conqueste & sera son Empire.

A MONSEIGNEVR
LE DVC
D'ENGVIEN.

r ces paroles que LOVIS XIII. dit a Monsei-
gneur LE PRINCE le iour de sa mort XIV. May.

*Ie sçay bien que mes Ennemis sont aux Portes, mais
vostre fils les chassera honteusement.* Ce qui est arriué
le 19. May.

SONNET.

PRINCE *Victorieux, les Fastes de la gloire*
  Idolastres qu'ils sont de mille Generaux,
  Depuis douze cens ans ont-ils veu des égaux,
  Qui meritent ton rang au temple de memoire?

Quelques fameux exploits qu'adore nostre Histoire
n a-elle vn semblable à tes premiers trauaux?
n Roy mort, par ton bras dompte tous ces Riuaux,
t dans le cercüeil mesme emporte la victoire?

Dans ses autres Combats il fait des coups de Roy,
Mais il paroist plus qu'homme en celuy de Rocroy,
a valeur le declare & Vainqueur & Prophete:

Ceux-là le font passer pour Prince glorieux,
Mais il passe pour Sainct apres cette défaite,
eux-là le font HEROS, mais toy l'vn de nos DIEVX.

A MON-

A MONSEIGNEVR
LE DVC
DENGVIEN.

La Bataille de Rocroy qu'il a gagnée fur l'Efpagne,
est la plus belle pompe Funebre de
LOVIS LE IVSTE.

SONNET.

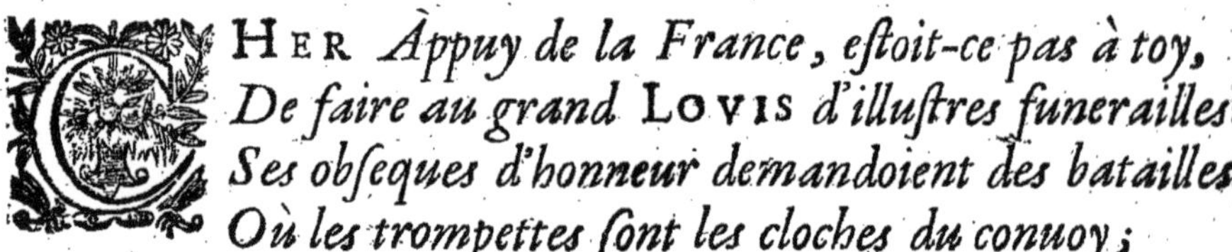

CHER *Appuy de la France, eftoit-ce pas à toy,*
De faire au grand LOVIS *d'illuftres funerailles:*
Ses obfeques d'honneur demandoient des batailles,
Où les trompettes font les cloches du conuoy;

Tant d'Eftandars femez, aux portes de Rocroy,
Pour faire vn dueil guerrier tapiffent fes murailles,
Et ta victoire a pris en trente mil entrailles,
Du fang au lieu de pleurs pour honorer mon Roy.

La Cornette d'Efpagne eft fon drap mortuaire,
Trois cent drapeaux rompus, les linceuls du fuaire;
Les feux de cent canons, les torches du cercueil.

Et pour rendre en mourant fa pompe fans feconde,
Et mettre auecque nous tout l'Vniuers en dueil.
Tu viens de battre vn Roy qui regne en tout le monde.

C

A MONSEIGNEVR
LE DVC
D'ENGVIEN.

Deuant le Combat, les François & les Espagnols
virent vne Escharpe blanche en l'air voltigeant
sur le champ de bataille.

SONNET.

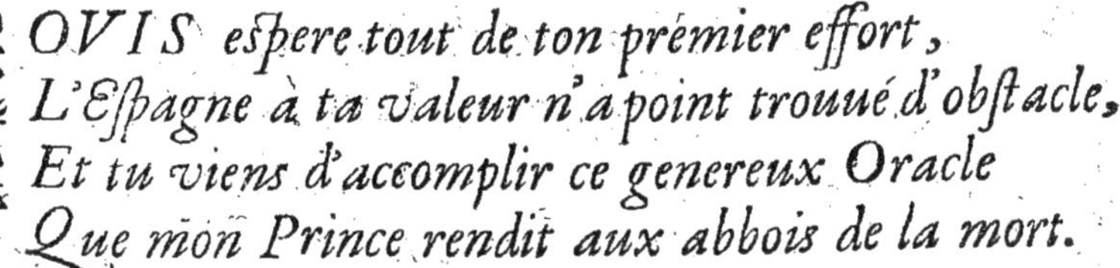

OVIS espere tout de ton premier effort,
L'Espagne à ta valeur n'a point trouué d'obstacle,
Et tu viens d'accomplir ce genereux Oracle
Que mon Prince rendit aux abbois de la mort.

Le Ciel a declaré ton destin le plus fort
Ayant en sa faueur fait vn si beau miracle,
Et ce drapeau volant, cét illustre spectacle,
Asseure les François du bonheur de ton sort.

Ma Reyne par ta main fait reuiure la France.
Ton bras est aujourd'huy l'appuy de sa Regence,
Les Flamans sont domptez, ton cœur les a rauis.

Ils baiseront les pieds de cette Auguste Femme,
Et croiront que son FILS est vn ieune Clouis,
Voyant sur ton armée vn second Oriflame.

A MONSEIGNEVR
LE DVC
D'ENGVIEN.

Lors que LOVIS XIV. entroit en son lict de
Iustice à Paris, ce Prince luy faisoit iustice de ses
Ennemis sur les frontieres du Royaume.

SONNET.

MIRACLE *des Bourbons, va planter leur Enseigne,*
Dans le cœur de la Flandre & dompte son orgueil,
Rends glorieux vn Roy que tu vois naistre en dueil,
Et faits qu'à cinq ans mesme en tous lieux on le craigne.

Par l'effort de ton bras desia l'Espagne seigne,
Son Conseil eternel a trouué son écueil,
Et pour faire à mon Prince vn fauorable accueil
Tu le rends Conquerant à l'abord de son regne.

Le Foudre dont la nuë accouche dans les airs
Redoutable desia dans vn berceau d'esclairs,
N'est pas plustost formé que tout le monde tremble.

Ton cœur montre de mesme aux François triomfans
Que pour estre mineurs & ieunes tout ensemble,
Ny les Dieux, ny nos Rois ne sont iamais Enfans.

A MONSEIGNEVR
LE DVC
D'ENGVIEN.

ur sa blessure fauorable ; la balle du mousquet l'ayant respecté, & ne l'ayant touché dans la cuisse que pour luy laisser vne marque & comme vn souuenir artificiel de sa victoire.

SONNET.

ANGES *de cét Estat que le Ciel a commis*
Pour gardes glorieux de la Race Royale,
Estiez-vous esgarez, estiez-vous endormis
Quand mon ieune vainqueur fut frappé d'vne bale?

Non, vos prouides soins ne l'eussent pas permis,
Si ce crime n'eust fait sa gloire sans riuale,
Et le meurtre sanglant de dix mille Ennemis
N'iustement puny leur valeur desloyale.

Victoire, Astres, Destins, Cieux, Prouidence, Sort,
Que d'hommes ont payé par leur fuite ou leur mort,
Les tragiques desseins d'vne si lâche enuie.

L'Espagne n'a peu faire vn coup plus inhumain,
Elle n'a peu manquer vne plus belle vie,
Elle n'a peu mourir d'vne plus belle main.

A MONSEIGNEVR LE DVC D'ENGVIEN.

Sur la fuite de Francisco de Mello, luy abandonnant son baston de General; & la mort du Comte de Fohtaines, tous deux Generaux de l'armée d'Espagne.

SONNET.

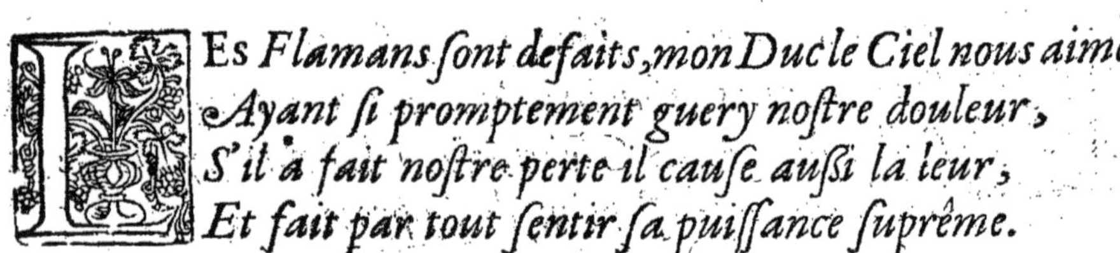

LES *Flamans sont defaits, mon Duc le Ciel nous aime,*
Ayant si promptement guery nostre douleur,
S'il a fait nostre perte il cause aussi la leur,
Et fait par tout sentir sa puissance suprême.

Mais ces fameux vaincus rendent ta gloire extrême,
L'vn vient de s'immoler à ta ieune valeur,
L'autre se conseruant suruit à son malheur
Pour rendre ton triomphe aussi vieux que luy-mesme.

L'vn se joint aux fuyards, & l'autre au rang des morts,
L'vn y perd son Baston, & l'autre y perd son corps;
L'vn y laisse l'honneur, l'autre y laisse la vie.

Tous deux diuersement honorent leur Vainqueur.
L'vn nous dit que ta main a son ame rauie,
L'autre que sans mourir il a perdu son cœur.

D

A MONSEIGNEVR
LE DVC.
D'ENGVIEN.

Les Ennemis demandans quartier, il commande
promptement qu'on les ſauue, & que tout le
monde s'employe à bander leurs playes.

SONNET.

RICHES *marques d'honneur, fauorables bleſſeures,*
Domeſtiques teſmoins d'vn illuſtre malheur,
Belles ſources de Gloire, aimables meurtriſſeures
Où le courage eſt peint de ſa propre couleur.

Ce Genereux Vainqueur fermant vos ouuertures,
Vous rend des voix d'Amour & non plus de douleur,
Et ſa bonté ſe fait d'honorables peintures
Où ſon bras ſe faiſoit des Portraits de valeur.

Arbitre de la mort, Arbitre de la Vie,
Il donne la ſanté quand ſa main la rauie,
Il ſauue vn ſuppliant, il perd vn glorieux.

Flamans? quel Conquerant eut iamais plus de charmes?
Conſultez vos deſtins, & ſongez s'il vaut mieux
Se rendre à ſes Vertus que perir par ſes Armes.

A MONSEIGNEVR
LE DVC
DENGVIEN.

Les Vaincus ſe jettans à ſes pieds il les embraſſe tous ſanglants, & ne ſe trouuant pas dequoy bander toutes leurs
playes, il leur fait largeſſe de ſon linge, & offre meſme
ſa chemiſe pour vn ſi beau deſſein.

ADVIS AVX ENNEMIS.
SONNET.

RESTES *infortunez, d'vne illuſtre Victoire,*
Qui parmy les monceaux de mille & mille morts,
A peine auez ſauué la moitié de vos corps
Pour nous donner encore vn noueau champ de Gloire.

Fugitifs & bleſſez, honte de voſtre hiſtoire,
Pitoyables teſmoins de nos ſanglants efforts;
Ennemy que ie ſuis ie vous rends les plus forts,
Ie vous rends les vainqueurs ſi vous voulez me croire.

Apres ce grand Combat, percez de mille coups
Approchez de mon DVC, *embraſſez ſes genous*
Veritables autels d'honneur & de franchiſe.

Vous verrez deſſus vous tomber voſtre Vainqueur,
C'eſt l'vnique moyen de le mettre en chemiſe,
D'emporter ſa depoüille & luy rauir le cœur.

A MONSEIGNEVR
LE DVC
D'ENGVIEN,

Eſtant à genoux ſur le champ de bataille, tout
couuert du ſang des Ennemis rendant graces
à Dieu de ſa victoire.

ORACLE.

A pieté, Grand Duc, autant que ta vaillance
Doit eſtre à cét Eſtat vne ſource de bien,
Et ton ſang fera voir qu'eſtant le ſang de France
Il eſt auſſi le ſang de ſon premier Chreſtien. ★

Ma REYNE *ne crains plus les ſoins de ta Regence*
Cét Illuſtre vainqueur en ſera le ſoûtien,
Et pour planter nos Lys ſur les tours de Bizance
Ton FILS *n'aura beſoin d'autre bras que du ſien.*

Auſtriche tu ſeras ſa premiere victoire,
Luy ſeul doit eſperer les faueurs de la Gloire
Qui luy promet bien plus qu'elle ne t'a laiſſé.

Ne crois pas l'employer durant toute la guerre,
Tes Eſtats ne ſeront que pour ſon Coup d'eſſay,
Son Chef-d'œuure ſera de conquerir la terre.

LA

LA FRANCE

A MONSEIGNEVR
LE DVC D'ENGVIEN

ENTRANT VICTORIEVX DANS LA FLANDRE,
& prenant trois places en mesme temps,
Barlaimont, Aymery,& Beints.

SONNET.

VA Prince genereux accroistre ma frontiere
Tes païs vsurpez, t'appellent cette fois,*
Et la Flandre qui s'ouure à tes premiers explois
N'est plus pour l'Espagnol qu'vn vaste cimetiere.

Va, fais ressouuenir cette Prouince altiere
Qu'elle a tousiours seruy de ioüet aux François,
Et que son Empereur, son Comte, & ses deux Rois*
Ont fait à nos cheuaux vne auguste litiere.

Triomphe de l'Austriche & dompte le Flamand,
Ameine prisonnier cét autre Ferdinand
De qui l'ambition trouble toute la terre.

Et fais voir que ma REYNE ayant mis dans tes mains
L'illustre Coutelas qui doit finir la guerre,
T'a voulu declarer l'Arbitre des humains.

E

A MONSEIGNEVR LE DVC D'ENGVIEN.

Apres le Combat il refuse constamment toute sorte d'acclamations, & proteste aux Chefs & aux Soldats, qu'il doit tout l'honneur de la iournée à leur valeur.

SONNET.

*C*ESSEZ *vos complimens, François officieux,*
Espargnez la pudeur de mon ieune Alexandre,
Il vous nomme par tout les foudres de la Flandre,
Et dit que vostre bras le rend Victorieux.

Ce modeste Vainqueur fait sçauoir en tous lieux
Qu'auecque ses Guerriers il peut tout entreprendre,
Qu'eux seuls pourroient vn iour mettre l'Espagne en cendre,
Et que tous ses Soldats sont d'autres Demy-dieux.

Nommez-le ce qu'il est, l'Autheur de la Victoire,
Sa Moderation vient combattre sa Gloire,
Et renonce à l'esclat de sa felicité;

Sa Vertu contredit à vostre Amour extrême,
Et croiroit offenser sa Generosité
Si luy-mesme n'auoit triomfé de luy-mesme.

A MONSEIGNEVR LE DVC D'ENGVIEN,

LE SOVSTIEN DE LA FRANCE ET LE FLEAV DE L'AVSTRICHE.

Sur l'illuftre Portraict que luy prepare la Gloire

SONNET.

IL eft vray que la France adore ton vifage,
Efclaue des appas de ta ieune beauté,
Où l'amour fe ioignant auec la Majefté,
Se font aimer tous deux en vne mefme Image.

Elle attend toutefois vn plus diuin Ouurage
Des trauaux qu'entreprend ta Generofité,
Et pour te faire voir à la pofterité
Ton plus riche crayon viendra de ton Courage.

Ton cœur fera ton Peintre, & ton fer ton Pinceau,
Ta fueur & leur fang les couleurs du Tableau,
Les corps des ennemis font les toiles d'attente.

Genereux Artifan acheue ce Portraict,
Fais que l'Original que la Nature vante
Cede à l'Original que ta Valeur a faict.

DV BOIS H